1906. Novembre 12.

VENTE
AUX ENCHÈRES PUBLIQUES

DES

Mardi 13 et Mercredi 14 Novembre 1906

HOTEL DROUOT, SALLE N° 1

à deux heures

EXPOSITION PUBLIQUE

LE LUNDI 12 NOVEMBRE 1906

de 1 h. 1/2 à 5 h. 1/2

558 Chambre des Commissaires Priseurs
Envoi à la Bibliothèque Nationale.

Bon Mobilier Moderne

TABLEAUX ANCIENS ET MODERNES

AMEUBLEMENT DE SALON EN TAPISSERIE D'AUBUSSON
STYLE LOUIS XVI

BRONZES — LUSTRES ÉLECTRIQUES

Argenterie de la Maison FROMENT-MEURICE

TENTURES — TAPIS

COMMISSAIRE-PRISEUR

Mᵉ GEORGES NORMAND

41, rue de la Victoire

EXPERTS

MM. PAULME & B. LASQUIN FILS

10, rue Chauchat | 12, rue Laffitte

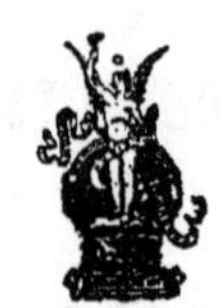

CATALOGUE

D'UN

BON MOBILIER MODERNE

CHAMBRE A COUCHER BOIS LAQUÉ GRIS, STYLE LOUIS XVI
CHAMBRE A COUCHER NOYER SCULPTÉ, DE STYLE LOUIS XV
SALLE A MANGER EN NOYER SCULPTÉ, STYLE RENAISSANCE

Sièges et Meubles, Paravents

DES STYLES LOUIS XV ET LOUIS XVI

AMEUBLEMENT DE SALON EN TAPISSERIE D'AUBUSSON

STYLE LOUIS XVI

Bronzes d'Art et d'Ameublement, Lustres électriques

Lustre en bronze doré et Porcelaine de Saxe Maison Vian

GARNITURES DE CHEMINÉES, STYLES LOUIS XV ET LOUIS XVI

FAIENCES, PORCELAINE, BISCUITS, VERRERIE

TABLEAUX, DESSINS ANCIENS ET MODERNES

par

Louise Abbéma, Chintreuil, Demarne, Griff, Jeaurat, Vibert

ARGENTERIE PLAQUÉ

Beaux Candélabres et Plateaux en argent de la Maison FROMENT-MEURICE

RIDEAUX — TENTURES — TAPIS

Débarras — Batterie de cuisine, etc., etc.

DONT LA VENTE AURA LIEU

HOTEL DROUOT, SALLE Nº 1

Les Mardi 13 et Mercredi 14 Novembre 1906

à deux heures

COMMISSAIRE-PRISEUR	EXPERTS
Mᵉ GEORGES NORMAND	MM. PAULME et B. LASQUIN FILS
41, rue de la Victoire	10, rue Chauchat. — 12, rue Laffitte

EXPOSITION PUBLIQUE

Le Lundi 12 Novembre, Salle 1, de 1 h. 1/2 à 5 h. 1/2

CONDITIONS DE LA VENTE

Elle sera faite au comptant.

Les adjudicataires payeront *dix pour cent* en sus des enchères.

Paris.—Imp. de l'Art, E. Moreau et Cie, 41, r. de la Victoire.

DÉSIGNATION

TABLEAUX

DESSINS ANCIENS ET MODERNES

ABBÉMA (Louise)

1 — Six panneaux décoratifs représentant des paysages.

CHINTREUIL

2 — *Paysage.*
  Toile.

DEMARNE

3 — *Bord de la mer avec baigneurs.*

GRIFF

4 — *Sujet de chasse, chien et gibiers.*
  Panneau.

JEAURAT

5 — *Portrait d'Homme.*
Dessin à la sanguine.

VIBERT

6 — *Moine.*
Toile.

ÉCOLE FRANÇAISE (xviiie siècle

7 — *Sujet religieux.*
Toile.

8 — *Portrait d'Homme en cuirasse.*
Toile.

ÉCOLE FRANÇAISE

9 — *Tête de Vieillard.*
Dessin aux crayons de couleur.

ÉCOLE HOLLANDAISE

10 — *Nature morte, poissons.*
Toile.

11 — *Kermesse dans le parc d'un château.*
Toile.

ARGENTERIE PLAQUÉ

12 — Paire de candélabres à huit lumières en argent ciselé, formés d'une colonne reposant sur un socle circulaire à trois pieds formés de griffes, ornés de feuillages, rinceaux, branches de lierre. La colonnette est surmontée d'une figurine d'amour; sur la base, rinceaux appliqués en lapis lazulis de la Maison FROMENT MEURICE.

Haut., 75 cent. (poids, 13 kil. environ).

13 — Grand plateau rectangulaire, avec bord cintrés, fond à rinceaux gravés, bordure de laurier et nœud de ruban. Style Louis XVI, de la Maison FROMENT MEURICE.

Poids, 4 kil. 400.

14 — Huit coquetiers avec soucoupes en argent ciselé.

15 — Huit salières, forme coquille, en argent ciselé.

16 — Sous ce numéro, un lot d'objets en métal argenté, comprenant une cafetière russe avec réchaud, une grande verseuse, un réchaud

de forme ronde, un timbre, une sonnette, une poivrière, un plateau, une corbeille à pain, de style Louis XV ; une grande théière avec son réchaud-support, style Louis XV ; un sucrier cristal, monture de style Louis XVI ; un confiturier, style Louis XV ; deux carafes à vin, cristal gravé, monture style Louis XVI ; deux carafons, cristal taillé, monture style Louis XV ; petite théière avec sa lampe, métal guilloché ; deux porte-cure-dent ; six fourchettes et couteaux à fruits, manche porcelaine ; service à poisson, décor style Louis XVI. (Sera divisé.)

17 — Un légumier avec couvercle, un plat rond et un ovale en nickel pur.

BRONZES, PENDULES
LUSTRES

18 — Garniture de cheminée, de style Louis XVI, en biscuit, à sujet d'amours, orné de bronzes ciselés, dorés et socles en marbre bleu-turquin, composée d'une pendule et deux candélabres à deux lumières.

19 — Joli cartel, de style Louis XVI, en bronze ciselé, doré, à décor de feuilles de chêne, fleurs et nœuds de ruban sur applique en bois d'acajou, orné de rang de perles en bronze doré.

20 — Paire de vases, forme cassolettes, de style Louis XVI, en marbre blanc, orné de guirlandes de fleurs, feuilles d'acanthe et boutons, en bronze ciselé, doré.

21 — Pendule avec sujet en marbre blanc et bronze doré.

22 — Lampe à pétrole, en forme de cassolette, à trépied, en bronze ciselé, doré, sur base ronde en marbre blanc. Style Louis XVI.

23 — Garniture de cheminée, de style Louis XIV, en bronze, composée d'une pendule et deux candélabres à cinq lumières.

24 — Garniture de cheminée, composée d'une pendule et deux candélabres à cinq lumières, en bronze argenté de style Louis XV.

25 — Paire de chenets, de style Louis XVI, en bronze ciselé, doré, modèle à vases avec flamme, enguirlandés de feuillages, et balustres.

26 — Garniture de cheminée en bronze doré et émaillé rouge, composée d'une pendule et deux flambeaux.

27 — Paire d'appliques en bronze doré, à trois lumières électriques, formées de branches de rosiers nouées par un ruban.

28 — Paire d'appliques, de style Louis XVI, en bronze ciselé, doré, modelé à vase de fleurs, enguirlandé, mascaron et nœud de ruban, à trois lumières disposées pour l'électricité.

29 — Beau lustre, de style Louis XVI, à six lumières électriques, en bronze ciselé, doré, modèle à vase de fleurs.

30 — Lustre électrique, à cinq lumières, en bronze doré.

31 — Lustre électrique à quatre lumières, en bronze doré et cristaux.

32 — Paire d'appliques électriques à deux lumières, en bronze et cristaux.

33 — Paire d'appliques électriques et une lumière en bronze et cristaux.

34 — Paire d'appliques électriques en bronze, à décor de mascaron à tête d'homme.

35 — Trois lustres en bronze ciselé doré, dont un monté à l'électricité.

36 — Lustre à huit lumières en bronze doré et porcelaine de Saxe. *Maison Vian.*

37 — Suspension de salle à manger en bronze argenté, à huit lumières électriques.

38 — Pare-étincelles et porte, pelle et pincettes en fer forgé.

39 — Pare-étincelles et porte-pelle et pincettes, en bronze ciselé et doré, de style Louis XVI.

40 — Grand vase cache-pot, à deux anses, en bronze patiné et doré.

41 — Groupe en bronze patiné, d'après Falconnet, composé de deux amours se disputant un cœur.

42 — Statuette de jeune femme en bronze ; elle est accotée à un motif de style gothique formant jardinière. Signée : *Stanier.*

43 — Coupe en bronze patiné de style antique

44 — Statuette en bronze patiné, la peinture par *P. Aubé.*

45 — Deux petits bustes de femmes en bronze
patiné.

46 — Paire de vases brûle-parfums japonais, à
trépied, en bronze patiné.

MEUBLES ET SIÈGES

47 — Grande armoire normande en noyer
sculpté, de l'époque Louis XVI.

48 — Ameublement de salle à manger en noyer
sculpté, de style Renaissance, composé d'un
buffet crédence, d'une desserte avec dessus
de marbre et fronton-étagère; elle forme
pannetière à sa partie inférieure; une glace
de cheminée, une table carrée à coins arron-
dis, six chaises et deux fauteuils couverts de
cuir.

49 — Très beau mobilier de salon, de style
Louis XVI, en bois sculpté doré, couvert de
tapisserie d'Aubusson, à décor de fleurs et
rinceaux sur fond blanc; il est composé d'un
canapé, deux bergères à oreilles et coussins,
et quatre fauteuils dans un état très frais.

50 — Chambre à coucher, de style Louis XV, en noyer sculpté, composée d'un lit de milieu et literie, d'une armoire à glace, une table de milieu, une table de nuit, deux chaises et un prie-Dieu.

51 — Belle chambre à coucher, de style Louis XVI, en bois sculpté laqué gris, composée d'un lit à panneaux cannés dorés, d'une armoire à glaces biseautées à deux portes et de deux tables de nuit à tablettes d'entrejambes cannées et dessus de marbre avec petites étagères.

52 — Chaise-longue, en trois parties et deux chaises, de même style et décor que la chambre indiquée au numéro précédent; garniture de soie bleu-ciel, avec application de broderie blanche.

53 — Table coiffeuse, de style Louis XVI, forme rognon, en bois sculpté et laqué blanc, avec dessus de verre et glace.

54 — Meuble d'entre-deux en marqueterie de bois de violette et de rose; il ouvre à deux portes, de forme contournée; chacune d'elle décorée d'un médaillon ovale à fond laqué et un motif en bronze ciselé doré, chèvre et en-

fant, richement orné de bronze ciselé doré.
Style Louis XV.

55 — Vitrine, de style Louis XVI, en bois de rose,
à deux portes et côtés vitrés, ornée de bronze
ciselé doré. Dessus de marbre de couleur.

56 — Bibliothèque en noyer sculpté, de style
Louis XVI, ouvrant à deux portes vitrées.

57 — Console, de style Louis XVI, en bois
sculpté doré, à guirlande de feuillages déta-
chée et dessus de marbre rose; elle s'appuie
contre une glace de sa largeur mesurant
2 mètres 80 de hauteur, avec baguette de
même style.

58 — Table à thé, de style Louis XV, en bois
d'acajou, richement orné de bronze ciselé
doré; elle est à deux plateaux, avec dessus
de marbre.

59 — Guéridon, de style Louis XVI, à quatre
pieds, reliés par un croisillon en bois sculpté
et doré. Dessus de marbre de couleur.

60 — Beau paravent, de style Louis XVI, en bois
sculpté doré, à trois feuilles en soie crème
brodée de rinceaux, guirlandes de fleurs et
attributs de musique au point de chaînette.

61 — Grand paravent en bois noir sculpté, à deux feuilles, en laque à fond blanc, avec applications de branchages et oiseaux en ivoire et nacre.

62 — Petite table, de style Louis XVI, en marqueterie de bois de rose et palissandre, orné de bronzes ciselés dorés.

63 — Petite table à quatre pieds cambrés en bois d'acajou, ornée de bronzes.

64 — Petite table-bureau, de style Louis XV, en marqueterie de bois, ornée de bronzes.

65 — Paravent, de style Louis XVI, en bois laqué blanc; la partie supérieure, à petites glaces et à panneaux de soie jaune à fleurs à la partie inférieure.

66 — Porte-manteau en noyer sculpté, avec glace et console à dessus de marbre rouge.

67 — Bureau à abattant en noyer.

68 — Casier à musique en palissandre.

69 — Piano droit en bois de palissandre, marque AUCHER.

70 — Chambre à coucher en pichpin, composée

d'un lit de milieu avec sa literie, d'une armoire à glace et une table de nuit.

71 — Lit en fer noirci et cuivre, avec sa literie.

72 — Deux fauteuils Empire en bois sculpté, couverts de panne verte.

73 — Canapé, deux fauteuils capitonnés et deux chaises.

74 — Un pouff en soie bleue.

75 — Bergère, style Louis XV, en bois sculpté doré, recouvert de soie crème à fleurs.

76 — Paire de jolies chaises, de style Louis XVI, en bois sculpté doré et canné, à décor de nœuds de ruban et guirlandes de feuillages.

77 — Marquise et deux chaises en bois sculpté doré, couverts de soie à fleurs. Style Louis XV.

78 — Paire de petits tabourets, de style Louis XVI, de forme ovale, en bois sculpté doré, couverts de damas rouge.

79 — Paire de petits tabourets en bois laqué blanc, couverts de peluche bleue ciel. Style Louis XVI.

80 — Petite banquette en bois laqué et canné, dissimulant un bidet.

81 — Ameublement de bureau, composé d'un canapé, quatre fauteuils et quatre chaises en bois sculpté, couverts de peluche verte. Style Henri II.

82 — Un guéridon et deux chaises en bois d'érable.

83 — Un tabouret et une chaise d'antichambre, couverts de tapisserie au point.

84 — Plusieurs chaises en pichpin et bois laqué, paillées et cannées, tabouret de piano, etc.

SCULPTURES· EN MARBRE
TERRES CUITES, BISCUIT, FAIENCE
PORCELAINE, VERRERIE, OBJETS DIVERS

85 — Buste de femme en marbre, représentant la poésie. Signé : *Caussé*.

86 — La Nuit, marbre. Signé : *Caussé*.

87 — Buste de femme en marbre. Signé : *Lemoine* (reproduction).

88 — Belle statuette de Flore en marbre blanc, par *Hyppolite Moreau*.

89 — Paire de belles colonnes, supports en marbre de couleur à rainures, ornés de guirlandes, couronnes, et pieds à griffes en bronze ciselé doré.

90 — Statuette en terre cuite peinte. Signé : *J. Le Galuche*, Jeune femme jouant de la harpe.

91 — Un petit groupe, une paire de petits vases et un très petit amour en biscuit.

92 — Amour avec chanteur et musicienne, deux groupes en biscuit faisant pendant.

93 — Grand groupe en biscuit, composé de deux jeunes femmes faisant allusion à la fable de la cigale et la fourmie.

94 — Groupe en biscuit « *La Curiosité* ». Signé : *Le Riché*.

95 — Deux groupes en biscuit. Amour réchauffant des cœurs et fillettes se donnant la main.

96 — Paire de vases cornets en faïence genre Delft, à décor polychrome.

97 — Garniture de cheminée en faïence de Royat, composée d'une pendule et deux flambeaux.

98 — Plusieurs vases en faïence décorée et en verre.

99 — Groupe allégorique des Arts en porcelaine décorée.

100 — Paire de vases en porcelaine gros bleu, avec réserves de paysages et personnages ; monture en bronze doré.

101 — Le Marchand et la Marchande d'amour, deux figurines en porcelaine de Saxe moderne.

102 — Trois petits groupes en porcelaine décorée : amour forgeron, musicien et chanteur.

103 — Service de table en porcelaine de Limoges.

104 — Services à café et thé.

105 — Service en cristal, verrerie, etc.

106 — Paire de bouteilles, à long col, en grès, avec monture en bronze argenté, de style Empire.

107 — Beau vase à anses en cristal taillé, de forme aplatie, avec monture en bronze ciselé doré, de style Louis XVI.

108 — Paire de vases en cristal doré.

109 — Lustre en verre de Venise.

110 — Petit miroir en bois sculpté laqué gris, de style Louis XVI.

111 — Grande glace, de style Louis XVI, à baguette dorée.

112 — Lampe de bureau, électrique.

113 — Coupe en composition, en forme de coquille, avec femme nue couchée.

114 — Seau à charbon, avec sa pelle, en cuivre rouge.

115 — Batterie de cuisine.

116 — Vaisselle, verrerie.

117 — Chambre de domestiques avec literie.

118 — Débarras.

119 — Objets omis au catalogue.

RIDEAUX, TENTURES, TAPIS

120 — Deux jolis coussins en soie crème brodée au point de chaînette, à décor de guirlandes de fleurs, rubans bleus et attributs de style Louis XVI.

121 — Ciel de lit, de style Louis XVI, en bois sculpté laqué gris, avec garniture et deux paires de rideaux de fenêtre en soie bleu-ciel, avec application de broderie blanche.

122 — Deux garnitures de fenêtres et de lit en
cretonne décorée, de style Louis XVI, à fond
crème.

123 — Deux paires de beaux rideaux de fenêtres
en soie brochée couleur lie de vin et un dessus de cheminée.

124 — Paire de rideau de fenêtres et une portière
en étoffe imitant la tapisserie.

125 — Garniture de baie de salle à manger en
drap marron, avec applications de cuir jaune.

126 — Paire de rideaux en velours épinglé,
couleur lie de vin.

127 — Un lot de très belles tentures en soie.

128 — Neuf rouleaux de tapis.

129 — Trois tapis-maquette à fond rouge et dessins bleus et blancs.

130 — Carpette en moquette, mesurant 5 mètres
sur 6 mètres environ.

131 — Sept tapis, dont deux très grands, en moquette à petits dessins réguliers, rouge sur
fond rose.

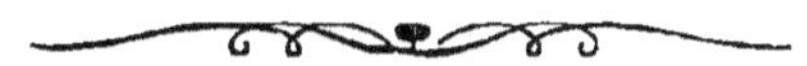

www.ingramcontent.com/pod-product-compliance
Lightning Source LLC
LaVergne TN
LVHW020849200726
843508LV00003B/1121